AF243520

REMARQUES

SUR

LES FÊTES PUBLIQUES,

ET

PROPOSITION DE NOUVEAUX JEUX.

LORSQU'UN Gouvernement régénérateur ne s'occupe plus qu'à fermer les plaies de la France ; lorsqu'il s'applique constamment à rétablir l'ordre dans toutes les branches de l'administration, et qu'il est prêt enfin à nous procurer le bienfait d'une paix générale, qu'il veut fonder sur la justice après l'avoir conquise par son courage ; comment pourroit-il mieux couronner ce grand œuvre qu'en instituant des fêtes nationales, où le peuple prenne véritablement une part active, où il s'identifie à la gloire de nos héros, et trouve dans le souvenir de leurs belles actions les modèles qu'il

A

(2)

doit étudier, et les exemples qu'il doit suivre.

Déjà le Gouvernement, protecteur des arts, a appelé leur concours pour des travaux utiles et dignes de la splendeur d'une grande nation. D'après cette protection signalée, qu'il soit permis à un artiste connu de lui soumettre ses vues sur ce qui constitue, à son avis, les réjouissances publiques.

Ces fêtes ne doivent être et ne sont en effet que l'expression du sentiment, le tribut de reconnoissance qu'inspire au peuple la mémoire des évènemens ou des actions illustres dont il a éprouvé l'heureuse influence; elles doivent porter le caractère de la joie et de la gaîté, autrement la satisfaction populaire seroit équivoque ou elle n'existeroit pas. C'est donc à la gaîté seule à faire les apprêts de ces fêtes, comme c'est au cérémonial à les ennoblir.

Jusqu'à présent, il faut l'avouer, nos réjouissances publiques n'ont été telles qu'en apparence, ou rarement ont-elles été prononcées. L'amusement qu'elles ont pu procurer n'a été, ni pour le peuple à qui elles étoient destinées, ni pour le Gouvernement qui les a instituées. Le cérémonial y a été souvent remplacé par la cohue, et le bon ordre par la licence. Des décorations invraisemblables, des emblêmes inintelligibles, des illuminations et des feux d'artifice souvent aussi tristes que monotones ; presque point d'instrumens gymnastiques, et très-peu d'athlètes : voilà le tableau fidèle de ces réjouissances, si improprement appelées réjouissances publiques ; de sorte qu'il n'y avoit véritablement que les écuyers, les quadriges, les maîtres charpentiers et illuminateurs qui eussent de vrais motifs de se réjouir ; les uns, par l'affectation d'une adresse mercenaire ou d'un luxe vaniteux, et les autres, par les bénéfices qu'ils retiroient de leurs travaux.

Ainsi la masse du peuple n'avoit qu'une part contemplative, comme si cette masse eût dû trouver son amusement dans la vue de stratagêmes dispendieux, dans la privation des exercices athlètiques, et qu'il lui eût suffit d'applaudir à l'adresse des ordonnateurs et des concurrens, auxquels l'honneur des exercices étoit réservé.

On a toujours feint d'ignorer que la vraie jouissance du peuple, en de telles circonstances, consiste dans l'emploi pur et simple de ses facultés corporelles. Il étoit au centre des jeux comme Tantale au milieu des eaux ; on n'a amusé ses yeux que d'architecture grecque, d'arcs triomphaux en toile et de stylobates en planches. Sans doute il en eût été autrement si nos modernes Édiles, trop portés à l'adulation, eussent moins songé à faire des affaires que des jeux.

Quelle différence de ces fêtes avec celles des pays situés au midi de l'Europe ! Ces dernières sont brillantes, fastueuses même, par le seul concours des joûtes et des joûteurs. C'est à la cocagne, à la prise du pont de Pise, au mariage du Doge avec la mer et dans d'autres jeux de cette espèce, que la joie est générale, et que le peuple se livre réellement à l'allégresse : c'est que les instrumens, les exercices et le peuple, tout prend part à l'action, et que le tout même est ce qui la compose et l'anime.

Puisque la vivacité du Français ressemble si bien à celle de l'Italien, pourquoi n'adopterions-nous pas son genre d'amusement ? pourquoi n'ajouterions-nous pas aussi à nos récréations spectatives et scèniques des jeux populaires et athlètiques ? tout nous en démontre la nécessité. Que l'on examine, aux jours de gymnastiques, la plupart des jeunes gens réduits à l'état d'oisiveté. L'interdiction des joûtes où ils brûlent en vain de se mesurer, leur cause une contraction moralement apoplectique ; ou s'ils conservent encore l'usage de leur sens, c'est pour dédaigner l'ostentation des joûteurs, qui leur ferment l'arêne. Au contraire, que cette arêne s'ouvre devant ce jeune homme souple et agile : comme il pétille d'amour-propre ! comme il bondit de joie, dans la fatigue même d'un exercice où il peut briller ! La rivalité augmente son adresse, le succès flatte son courage, enivre son cœur, et la publicité de son triomphe prolonge ses plaisirs jusques dans l'âge le plus avancé.

On a également tort de ne point admettre les nouveaux adeptes dans les exercices publics. Ce faux ménagement est intolérable, même dans les courses où l'homme de vingt-cinq ans lutte sûrement contre l'adolescent. L'âge de celui-ci n'est pas un titre d'exclusion pour les jeux, ni un motif pour lui en permettre d'autres auxquels il n'a aucune aptitude. On doit plutôt en établir qui soient de son goût et à sa portée, parce que l'état d'indépendance où il se trouve le rend plus propre à l'amusement public, et qu'il est nécessaire autant que politique d'accroître en lui le sentiment de l'émulation, les prodiges de l'amour-propre et le desir de mériter l'universalité des suffrages. D'ailleurs, il y aura toujours beaucoup de spectateurs et jamais assez d'acteurs, quand même toute la classe des adolescens prendroit ce parti. Cette classe est la moins nombreuse; l'enjouement, l'adresse, sont un privilège particulier de son âge : l'empêcher d'agir, c'est détourner la source de la gaîté, et la gaîté la plus intéressante, la plus communicative, est celle de l'adolescence.

On a moins fait encore pour la récréation des jeunes filles que pour celle des garçons. Dans la plupart de nos solemnités, on les voyoit errer d'amphithéâtre en amphithéâtre, comme une superfétation sociale, incommode au spectacle comme aux spectateurs; tandis que la guerre, les combats privoient un grand nombre d'entr'elles de leurs soutiens dans les personnes d'un père, d'un frère ou d'un futur époux. J'impute ce délaissement incivil à l'erreur des idées sur nos nouvelles institutions gymnastiques. Cependant, qui pourroit ignorer que nos jeunes Françaises ont, à cet égard, les dispositions les plus heureuses? Svelté, élégance et vivacité, voilà les qualités qui les distinguent éminemment : qualités précieuses ! qui garantissent leurs succès dans les jeux, comme leur supériorité dans l'art de tout embellir.

Mais peut-être nos gymnasiarques nouvellement initiés dans l'art, ont cru que les palmes des jeux n'étoient réservées qu'à la supériorité virile, ou bien ils ont ignoré que les amusemens dépendent bien moins de la force ou de la grandeur, que de la délicatesse ou de la simplicité des moyens qui les procurent ou qui les produisent. Quoi qu'il en soit, on a trop présumé du succès d'Hyppomène et pas assez de celui d'Athalante. Combien y avoit - il de ces

A 4

Nymphes confondues dans la foule populaire qui eussent pu disputer le prix aux plus lestes coureurs? qui n'attendoient que le signal pour s'élancer, vaincre et charmer les spectateurs? Enfin combien d'Eucharis auroient trouvé de Télémaques dans leurs concurrens, si la lice leur eût été ouverte ? En effet, rien ne flatte plus les sens, rien ne séduit davantage que de voir triompher les graces et les talens de la nature ; tous les spectateurs s'y intéressent, les amis, les parens en sont énorgueillis, et les cent bouches de la Renommée ne suffisent pas pour proclamer une telle victoire.

Un préjugé mal entendu jettera peut-être quelque défaveur sur l'admission du beau sexe au concours. Cependant il peut suffire de cet avantage pour décider de l'établissement d'une jeune personne qui ne réunit point les dons de la fortune à ceux de la nature ; il est des hommes, (du moins j'aime à le croire) pour qui ce genre de mérite seroit une dot, et qui, par honneur autant que par sentiment, seroient jaloux d'offrir leur main à l'aimable vainqueur, afin de pouvoir partager aussi sa couronne. Cette présomption est d'autant mieux fondée, que dans une République tous les talens sociaux sont honorés ; c'est donc tendre à cette fin que de les mettre en évidence par le desir de plaire.

Au lieu de cette direction, on n'a suivi que des idées étroites, on a imité l'avare en cèlant les graces, la beauté et les talens comme lui-même il cèle ses trésors. On n'a pas songé que se dissimuler l'existence de tant de charmes, c'étoit en diminuer le prix. Eh bien ! osons mettre au jour nos richesses en ce genre, et elles en acquerront un plus vif éclat.

Nos fêtes républicaines n'ont fait qu'une impression équivoque sur l'étranger, sans nous attirer la moindre considération politique ; quelques singeries que nous avons répétées d'après les Grecs, n'ont fait qu'altérer notre propre physionomie, sans nous donner celle de ce peuple si fécond dans l'art des divertissemens et des fêtes populaires.

Ce n'est pas que celles données sous le dernier Gouvernement, ne fussent pas encore plus ridicules et plus bizarres ; les honneurs, les douces sensations y étoient réservés à une caste trop privilégiée, et les gourmades, les huées, les rixes, étoient les menus plaisirs de ce que l'on appelloit la populace. Dans les carrefours, aux environs des Palais, on se plaisoit à lui distribuer quelques cervelas, de mauvais vin, et à lui jetter quelques pièces de monnoie ; du reste les heureux de la Cour étoient attirés cérémonieusement dans les bals pompeux, dans les spectacles privés et les galas splendides, tandis qu'il ne restoit plus à la classe intermédiaire pour occuper son désœuvrement forcé, que la fréquentation des Prêtres et la visite des Églises.

Nous en serions encore là, si la Révolution, dont je n'aime à me rappeller que les bienfaits, n'eût mis en fusion tous les élémens hétérogènes de cette vieille société. Elle a reproduit un corps non moins précieux aux extrémités qu'au centre, et c'est pour lui qu'il faut composer les réjouissances, diriger les amusemens et inventer des récréations qui soient le délassement de ses travaux et de ses fatigues.

Je dis qu'il faut inventer des récréations, parce que la plupart des artisans, des cultivateurs, des manouvriers qui assistent en si grand nombre aux réjouissances publiques, n'ont malheureusement pas assez de facultés intellectuelles pour s'amuser aux spectacles scientiques et purement contemplatifs dont elles sont composées; à ces fêtes, dont toute la pompe ne leur causeroit qu'un ennui magnifique, ils préfèrent des jeux, des exercices corporels; par conséquent, si l'on veut qu'ils se récréent véritablement, qu'ils conservent une idée agréable des fêtes, il faut aussi fêter dans leur sens.

C'est donc d'après le goût et le caractère du Peuple qu'il convient d'imaginer les moyens de l'intéresser aux grands évènemens dont on célèbre la commémoration. Le faste et la frivolité, voilà notre goût dominant; la galanterie et l'aménité, voilà quel est le fond de notre caractère : tant que ces souverains mobiles ne règleront pas le rithme de nos fêtes, tant que le beau sexe n'en sera pas l'ornement principal ou qu'il n'y prendra qu'une part indifférente ou passive, elles ne seront que des promenades et des désœuvremens solemnels ; nous n'y apporterons qu'un air emprunté, un caractère postiche ; enfin, tout y sera fatigant et rien agréable.

Veut-on les rendre aussi délicieuses qu'elles ont été maussades, aussi variées qu'elles ont été monotones ? veut-on y attirer les habitans des départemens éloignés et les étrangers ? annoncez et faites que chacun indistinctement puisse y employer ses facultés ; que les jeux y soient multipliés et les spectacles majestueux ; qu'ils n'exigent ni dépenses ni exercices préalables ; que la lice s'ouvre également pour l'homme simple et l'homme fastueux, et sur-tout que les talens récréatifs y jouissent de la même prérogative.

Par ce moyen, chacun pourra choisir son amusement favori ; il en conservera une idée agréable, et sa satisfaction particulière ajoutera à l'allégresse publique.

A l'appui de mes assertions, je rappellerai le souvenir de nos anciens tournois et l'influence qu'ils ont si long-tems exercée. C'est au galant intérêt que de très-belles dames prenoient aux joûtes et sur-tout aux joûteurs, que ces fêtes ont dû leur éclat et leur célébrité. Tout chevalier étranger ou régnicole n'aspiroit à faire briller son adresse et sa magnificence, que pour attirer les regards et mériter les suffrages des hautissimes spectatrices. Un coup-d'œil lancé des galeries ou de l'enceinte, opéroit des prodiges ; c'en étoit assez pour renverser les chevaux et faire mordre la poussière à leurs écuyers.

Aujourd'hui, nos ravissantes incomparables ne verroient qu'avec effroi de valeureux champions se chercher, s'atteindre, risquer de se crêver les yeux à coups de pique, ou se faire écraser sous les palefrois renversés ; mais autre tems, autres mœurs : le Français n'est plus sous l'empire chevaleresque ; il a cessé de plier sous le joug féodal ; les beaux arts ont rectifié ses goûts et ses jouissances, comme ses lois nouvelles ont étendu sa liberté et ses lumières. Le spectacle du Cestiphore, du Gladiateur ou du Thauréodore, répugneroit à sa délicatesse, comme celui de Polichinel et de Paillasse répugne à l'élévation de ses idées. Enfin, ce n’est plus que par des exercices agréables, des jeux d’esprit et des joûtes qu’on peut récréer une nation aussi brave que sensible, et dont la finesse d’esprit égale l’affabilité de caractère.

Ainsi, de toutes les fêtes et de tous les jeux tant vantés dans l’antiquité, il ne nous est plus permis d’adopter que l’amphithéâtre héraldique des Francs, et la scène olympique des Grecs. Le surplus du répertoire doit être composé d’exercices en faveur des classes agrestes de la société.

En conséquence il ne nous reste plus qu’à substituer aux gladiateurs impitoyables, aux champions lourds et ferrés, des voltigeurs élégans, légers. Au lieu de limiter le nombre, déjà trop petit, des athlètes ou des preux privilégiés, d’admettre au contraire quiconque seroit capable de joûter; enfin, de proscrire les saltimbanques, d’ouvrir la lice aux deux sexes, de provoquer leurs défis, et de décerner aux vainqueurs les palmes civiques dues à leur force, à leur adresse ou à leur agilité.

Descriptions des Jeux.

En attendant qu'une philantropie joyeuse réalise toutes ces idées, en composant le programme de nos réjouissances publiques d'une gymnastique amusante et d'un cérémonial galant , je propose d'introduire dans les fêtes deux genres d'exercice pour les deux sexes; l'un et l'autre aussi neufs que récréatifs, tant pour les spectateurs que pour les acteurs : les premiers ne sont exposés qu'à rire , les seconds qu'aux disgraces de l'insuccès ou à la gloire de la réussite.

L'un de ces exercices consiste dans des courses *dédalographiques*, exécutées par de jeunes *Athalantides* qui seroient vêtues en blanc , et très-légèrement, ainsi que l'étoit , par présomption , leur patrone Athalante.

L'instrument propre à ce jeu seroit un dédale réel, tracé sur un terrein fraîchement régalé et formé en treillage de moyenne hauteur; ces haies seroient décorées en fleurs, en arbustes, et entrecoupées çà et là de guirlandes, de plantons, au haut desquels on verroit voltiger des flammes de diverses couleurs. Les issues, les extrémités des différens contours de ce dédale, seroient marqués par des caisses d'orangers, d'où naîtroient des arcseaux fleuris et enlacés de pampres. Les intervalles impraticables formeroient des parterres garnis de fleurs et d'autres objets champêtres de la saison. Chaque défilé auroit une indication énigmatique, une apparence trompeuse, afin d'en rendre l'issue douteuse, et la route incertaine.

Ensuite de ces dispositions, vers une des faces extérieures du dédale, seroit établi un soubassement d'architecture rustique, dont l'intérieur serviroit de vestiaire, et sur lequel on auroit élevé la tribune des juges, celle des autorités supérieures, l'orchestre, ainsi que les amphithéâtres destinés aux parens et aux amis des *Athalantides*.

Outre cette prérogative, aussi juste que nécessaire, chaque concurrente, quelle que seroit son adresse, obtiendroit un prix d'encouragement relatif à l'exercice qu'elle

auroit

auroit pu remplir, et analogue à l'écharpe dont elle seroit parée.

Les courses seroient épuratoires et définitives, et les unes et les autres seroient exécutées au bruit des fanfares ; le point de départ placé entre les spectateurs et l'entrée du dédale, pratiqué dans le côté opposé à celui des tribunes. Dans la première course il ne s'agiroit pas de gagner de vîtesse, mais seulement d'arriver dans un tems déterminé, toutefois en suivant les bons défilés et évitant les *impasses*, lesquels, pour être inévitables, seroient multipliés. Aux environs des débouchés de sortie, seroient suspendus les prix d'encouragement dont chaque *Athalantide* devroit se saisir, comme gage des conditions de la course : elles consistent à parcourir le dédale, et à sortir par la passe diagonalement opposée à l'entrée.

D'abord quatre, six ou huit concurrentes s'élanceroient dans l'arêne ; à cinquante pas des premières, d'autres en feroient autant, et successivement chaque quadrille jusqu'à l'épuisement total de leur nombre.

L'amusement pour les spectateurs placés au pourtour du dédale, seroit de voir cette confusion de jeunes personnes, courir, tourner en sens différens, se croiser, s'égarer, chercher les bonnes issues, sortir presque toutes par les faux-fuyans et se mettre elles-mêmes hors de l'arêne sans s'en douter et sans pouvoir y rentrer : cet avantage appartiendroit à celles à qui la mémoire, l'intelligence ou le hasard auroit rappellé fidellement la *Dédalographie* qu'elles auroient étudiée sur les cartes dressées à cet effet, et qui, en évitant les *impasses* et arrivant par les bonnes issues, pourroient recommencer la course de vîtesse, laquelle seroit définitive.

Il y auroit des seconds prix réservés à chaque *redoublante*, des premiers prix pour chaque quadrille différent, au vainqueur desquels ils seroient décernés ainsi que les couronnes d'olivier, et tous les honneurs que l'on voudroit attribuer à ce genre de triomphe.

(L'effet de ce jeu seroit bien plus piquant s'il avoit lieu le soir à la clarté d'une brillante illumination, qui enrichiroit encore l'ordonnance du dédale.)

L'autre jeu, ainsi que le premier, fait partie d'une collection destinée à former une Gymnastique récréative et populaire.

Celui-ci n'a été inventé et déja exécuté, que pour remplacer les mâts de Cocagne, dont on a proscrit l'usage dans les jardins publics, attendu que la pratique en est dangereuse pour quiconque veut approcher de la cime. L'exercice que je substitue à ce dernier, au lieu de rebuter par le danger qu'il présente, n'excite que le rire et le desir de l'exercer à tous ceux qui le voyent; la pratique en paroît si sûre, si facile et la réussite est tellement difficile, qu'on pourroit, à juste titre, le nommer le jeu de l'ambitieux, car il culbute bientôt le trop présomptueux athlète qui ose s'y confier.

Ce jeu, particulièrement destiné aux jeunes hommes, consiste en différentes *gestations équilipédiques*, dans lesquelles l'adresse, l'attention, la patience réunies sont à l'épreuve et ont seules des succès; toute distraction, toute discordance, la moindre précipitation de mouvement, entraînent absolument la chûte du joueur; mais il n'a d'autre mésaventure que de se retrouver à terre et sur ses pieds, sans presque s'appercevoir comment il y est arrivé.

Les instrumens de ce jeu, que par abréviation je nommerai *Cavalocordes* et *Pédalocordes,* sont deux espèces de moulinets séparés, mobiles de droite et de gauche, seulement, ayant 18 à 20 pieds de longueur chacun, et élevés du sol de 5 à 6 pieds. Le premier est composé d'un arbre, ou tour horisontal porté sur deux axes, à chaque bout de la circonférence sortent trois tiges correspondantes chacune à celle qui est à l'extrémité opposée, au moyen de cordes tendues suivant la direction longitudinale de l'arbre ; celui-ci est le centre de tout le systême mobile. Il résulte des dispositions invariables de ces trois cordes qu'elles forment entr'elles, et dans toute leur longueur un triangle équilatéral dont la base est verticale ; les deux cordes inférieures servent d'étriers, et la supérieure de selle à l'*Equesteur* ou cavalier qui monte cet instrument. On s'y introduit facilement par l'une des extrémités ; à l'autre bout, et indépendamment du mouvement circulaire, est suspendu le but que l'on doit atteindre et le prix réservé à celui qui pourra s'en saisir par les procédés cidessous indiqués.

On voit que l'*Equesteur* a trois points d'appui, les étrillers et la selle ; il en a encore un quatrième dans ses deux mains, dont il doit serrer la corde de selle. Dans cette attitude, il doit cheminer en avant en se posant alternativement sur les cordes hautes et basses, et coulant doucement jusqu'à ce qu'il soit parvenu au bout de la machine.

L'expérience a prouvé que sur vingt concurrens, un seul a parcouru cet instrument dans toute sa longueur.

Le second moulinet ou *Pédalocorde*, qui n'est en quelque sorte que la suite du premier, est à-peu-près semblable de forme et d'effets ; cependant il diffère en ce qu'on le parcourt debout. Les trois points de support et de suspension forment entr'eux un triangle isoscèle ; ceux des pieds sont deux pédales inflexibles, séparées par l'arbre et au même niveau ; celui des mains est une corde lâche, à distance de cinq à six pieds et dans la même direction des pédales. Le but n'est pas changé, mais le prix est différent : il n'est dévolu qu'à celui des concurrens qui arrive le premier. Il y a à parier vingt contre un que celui qui se hâtera n'arrivera pas.

Pour obtenir de ces jeux tout l'agrément qu'ils sont susceptibles de donner, il faut les distribuer dans un terrein nouvellement retourné ; les spectateurs autour d'une double haie de palissades, entre lesquelles seroient rangés trois ou quatre cents concurrens. Au milieu de ce camp seroient établis deux théâtres circulaires à différentes élévations et décorés d'attributs militaires ; le plus élevé auroit dix pieds de hauteur sur vingt-quatre de diamètre ; au centre le banc des juges ; un grouppe de termes entourant un peuplier, et le prix principal suspendu à la cime de cet arbre.

L'autre théâtre seroit un soubassement élevé de cinq pieds sur environ soixante de diamètre ; autour de celui-ci et terre à terre seroient placés seize *Cavalocordes* dirigés en rayons, tendans aux termes ; les tiges ceintrées d'où pendroient les prix d'encouragement seroient surmontées de touffes de fleurs et unies entr'elles par des festons en feuilles de chêne. Sur le giron du soubassement seroient distribués, à égale distance, six *Pédalocordes* tendans aussi au milieu ; à l'extrémité interne de chacun s'éleveroient des mâts ornés de bouquets et soutenans des guirlandes qui iroient se rattacher au cerceau de laurier suspendu à l'arbre central. Au moment où le plus habile concurrent seroit parvenu aux termes, les juges feroient tomber dans ses mains le prix, la couronne, et le proclameroient vainqueur, avec tous les honneurs dus à son adresse.

Jusqu'à ce moment aucun jeu n'aura autant récréé que celui-ci. Le spectateur impatient n'attend pas la chance, elle est bientôt décidée ; cependant elle dure assez pour voir l'ambitieux concurrent enchevalé, le cou tendu, les yeux fixés sur le point de mire, le corps et tous les membres en contraction. La crainte, les difficultés ont déjà détruit son audace : il hésite, il regarde en arrière s'il peut rétrograder ; mais bientôt les témoins qui l'observent l'enhardissent, l'encouragent des mains et de la voix ; les doutes s'établissent, les paris s'ouvrent ; le candidat veut avancer et il craint de quitter son attitude ; il n'a plus que l'alternative de reculer ou de culbuter. Sa perplexité lui fait quelquefois prendre ce dernier parti ; mais avant de s'y résoudre il essaie de se glisser, il se traîne, il avance en tremblant : ses progrès augmentent la vacillation des points d'appui qui le supportent, et déconcerte toutes ses combinaisons; il pousse d'un côté, il se penche de l'autre pour se remettre en à-plomb. C'est par la contrariété de ses différens efforts qu'il se trouble, perd l'équilibre et culbute avec une rapidité proportionnée à son poids. Alors, tout étonné de se trouver sur ses pieds, il rit de sa mésaventure, comme les spectateurs rient de sa défaite; mais s'il réussit, le public quittant le rire sardonique, lui prodigue les applaudissemens et les témoignages d'approbation.

Tels sont substantiellement les amusemens populaires qui m'ont paru convenables aux jours de gymnastiques, et que je crois devoir m'honorer d'offrir à la sollicitude du Gouvernement, pour ajouter aux embellissemens des fêtes publiques.

Paris, le 16 Floréal, an 9.

BOURNIER,

Machiniste-Inspecteur du Théâtre des Arts.

De l'Imprimerie de BALLARD, rue J.-J. Rousseau, n°. 14.

www.ingramcontent.com/pod-product-compliance
Lightning Source LLC
Chambersburg PA
CBHW051402050726
47595CB00006B/2675